Début d'une série de documents
en couleur

LA QUESTION OUVRIÈRE

ÉTUDE SOCIALE

PAR

AUG. GODEFROY

HAVRE
IMPRIMERIE MAUDET ET GODEFROY
19, Quai d'Orléans, 19

Juillet 1883

Fin d'une série de documents
en couleur

LA
QUESTION OUVRIÈRE

ETUDE SOCIALE

Par Aug. GODEFROY

PRIX : 1 Fr. 50

HAVRE
Imprimerie MAUDET & AUG. GODEFROY, 19, quai d'Orléans

1882

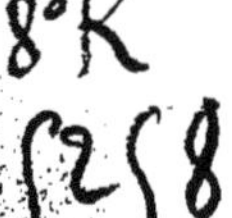

Nous avons relu, avec la plus minutieuse attention, cette étude, commencée dans LA TRIBUNE SOCIALE, *et dont la publication n'a été retardée que par des considérations d'ordre tout personnel.*

Bien que de graves et douloureux évènements se soient produits depuis un an, et que la QUESTION *qui nous occupe ait donné lieu à plusieurs crises aiguës, — telles que les émeutes de Montceau-les-Mines, de Lyon, de Saint-Etienne; les manifestations de Paris; et, tout récemment, la* prévenance *collectiviste de Roubaix, de cet enfer industriel, d'où les damnés essaient de s'échapper, — nous n'avons pas trouvé un paragraphe, pas une ligne, pas un mot à y changer.*

Plus que jamais sommes-nous convaincu d'être dans la vérité, qui n'a pas d'heure, aussi bien que dans l'actualité, à laquelle les douze mois écoulés ont encore ajouté.

Cette étude sera diversement appréciée et critiquée, suivant l'éducation, le milieu et les intérêts, — d'où naissent et se modifient les idées *des quatre-vingt-dix-neuf centièmes de l'humanité.*

(Et en évaluant à UN POUR CENT *le chiffre des hommes de* principes, *nous sommes très généreux !...)*

Mais ce que nous savons bien, c'est que, si nous avions le moindre goût pour les épigraphes, nous eussions pu inscrire en tête de la première page, et sans crainte d'être démenti, cette ligne de Montaigne :

« CECY EST UN LIVRE DE BONNE FOI! »

A. G.

HAVRE, Juillet 1883.

INTRODUCTION

Les anciennes Corporations de Métiers

L'organisation légale du travail, par les JURANDES et les MAÎTRISES, avait duré près de six siècles, lorsqu'elle fut anéantie par le décret des 14-17 Juin 1791, dont voici le texte :

« ART. 1er. — L'anéantissement de toutes » les espèces de corporations des citoyens d'un » même état étant une des bases fondamentales » de la Constitution française, il est défendu » de les rétablir de fait, sous quelque prétexte » et quelque forme que ce soit.

» ART. 2. — Les citoyens d'une même » profession, les entrepreneurs, ceux qui ont

» boutique ouverte, les ouvriers et compagnons
» d'un art quelconque, ne pourront, lorsqu'ils
» se trouveront ensemble, se nommer ni pré-
» sidents, ni secrétaires, ni syndics, tenir des
» registres, prendre des arrêtés ou des délibé-
» rations, former des règlements sur leurs pré-
» tendus intérêts communs. »

Ces corporations avaient, certes, de graves inconvénients ; mais, en revanche, elles offraient de précieux avantages aux artisans, qui n'en ont pas trouvé l'équivalent sous le régime de la concurrence sans frein et de la liberté désordonnée.

Les législateurs de 1791 préférèrent édifier, sur les ruines de l'ancien régime, la puissance éphémère de quelques citoyens, plutôt que de développer le bien-être de tous, dont les *Universités professionnelles*, qu'ils abolirent, contenaient le principe.

Sans aucunement désirer la restauration des Maîtrises et des Jurandes, dont les vieux règlements ne s'harmoniseraient plus avec les besoins de la Société actuelle, examinons ce qu'il pouvait y avoir de bon dans ces institutions du passé.

Quand les corporations furent constituées, les arts et l'industrie étaient à leur enfance ; la Société elle-même se débattait dans les convulsions périodiques de l'anarchie et s'efforçait de secouer le joug de la féodalité.

En ces temps de troubles, de désordres, de guerres civiles, l'autorité centrale n'existait guère que de nom; elle était, en tout cas, impuissante à maintenir la paix, à redresser les abus, à faire régner la justice. La royauté n'étant encore qu'une suzeraineté, plus nominale que réelle, sur les grands vassaux, turbulents et ombrageux, les simples citoyens, les *manants* des villes, comme ceux des campagnes, étaient, le plus souvent, réduits à se protéger eux-mêmes contre des exactions de toute espèce.

Pour défendre, envers et contre tous, leur liberté, leurs biens et leur vie, les artisans se groupèrent donc en *corporations*, comme les bourgeois s'étaient groupés en *communes*, pour opposer le nombre à la force ; — puis, ils stipulèrent entre eux des garanties réciproques ; ils réglèrent les conditions de leur association, les droits et les devoirs de chaque associé ; — ils organisèrent, enfin, tant bien que mal, *les métiers*, c'est-à-dire l'industrie.

ASSOCIATION DES TRAVAILLEURS ; ORGANISATION DES MÉTIERS : — Voilà quelles furent, à l'origine, le principe et le but des *Jurandes* et des *Maîtrises*.

Sans doute, cette association, établie au profit des maîtres d'abord, était incomplète ; elle laissait trop en dehors les intérêts des ouvriers « compagnons » ou « apprentis », ainsi que ceux des consommateurs. — Mais elle était, du moins, avantageuse à tous les associés, et réalisa un immense bienfait pour la classe des artisans.

Si défectueuse qu'elle nous paraisse, si nous la jugeons avec les idées modernes, elle était tout ce qu'elle pouvait être alors : elle correspondait à l'état social des artisans, à leur degré de culture intellectuelle, et fit surgir d'entre les rangs du peuple une classe de travailleurs enrichis qui n'existait pas auparavant.

Enfin, les *Universités professionnelles*, qu'elle institua, faisaient de tous les ouvriers d'une corporation des savants spéciaux, et, à tous les points de vue, elle suffisait, dans l'ordre social, aux besoins de l'industrie, de même que les petits métiers dans l'ordre matériel.

Il ne s'agit donc point, encore un coup, de ressusciter les Jurandes et les Maîtrises. Alors même que ce serait utile, ce serait tout-à-fait impossible, tant la Société moderne diffère de celle du Moyen-Age. Les vastes manufactures ont partout remplacé les petits métiers; la production s'accomplit en grand, non plus au domicile de l'artisan, mais dans des ateliers gigantesques, à l'aide de puissantes machines et par des procédés entièrement inconnus de nos aïeux.

En un mot, l'industrie a subi une transformation radicale ; l'artisan d'autrefois a disparu.

Mais s'il est superflu de signaler les vices, les lacunes, les inconvénients des anciennes corporations, il faut bien, d'autre part, reconnaître qu'elles offraient aux travailleurs privilégiés, c'est-à-dire à leurs membres, de grands avantages, de précieuses garanties, qui, hélas ! n'existent plus aujourd'hui.

Or, il importe d'insister sur ces garanties et ces avantages, qu'il serait si facile de s'assurer encore, par une organisation nouvelle, adaptée aux idées et aux besoins de notre temps.

Les *Maîtrises* avaient réalisé, au profit de l'artisan, l'équilibre constant entre la production et la consommation, d'une part, et la population ouvrière, d'autre part, — équilibre dont la rupture nous a valu les crises industrielles, d'abord périodiques, puis permanentes, et l'affreux gâchis au milieu duquel nous nous débattons si misérablement depuis un demi-sciècle.

Dans chaque ville, les artisans étaient organisés en corps de métiers, et les attributions de chaque métier étaient rigoureusement déterminées.

Les travailleurs des diverses corporations étaient divisés en maîtres, compagnons et apprentis. Le nombre des maîtres de chaque profession, celui des compagnons et des apprentis de chaque atelier, étaient également limités, suivant les besoins de l'époque.

Des statuts minutieusement élaborés réglaient les prérogatives, les droits et les devoirs de chaque corporation, les droits et les devoirs de chaque maître envers ses confrères, envers les compagnons et les apprentis, et même, à certains égards, envers les consommateurs.

Des *Syndics* étaient chargés de veiller à la stricte exécution des règlements, de faire respecter les privilèges de la compagnie, de maintenir l'esprit, la dignité et l'honneur du corps, et de prélever les cotisations destinées à constituer un fonds commun de réserve et de secours.

De là devait sortir la vieille bourgeoisie française.

(Il existe, d'ailleurs, encore quelque chose d'analogue dans les corporations des professions dites *libérales* qui ont survécu au décret de 1791, ou qui ont été constituées depuis : — notaires, avoués, avocats, huissiers, courtiers, agents de change, etc., pour qui le « Conseil de l'Ordre », la « Chambre » ou le « Syndicat » sont à peu près ce qu'étaient les syndics aux corporations ouvrières d'autrefois.)

Il résultait de cette organisation forte et disciplinée :

1° Que les artisans n'avaient à redouter ni les accaparements, puisque le nombre des travailleurs de chaque atelier et leurs attributions étaient rigoureusement limités ; ni la dépréciation des profits et la concurrence déloyale, puisqu'il était défendu de travailler au rabais, de *sous-vendre* ses confrères et de leur enlever leurs pratiques ;

2° Que les métiers et les boutiques ne pouvaient se multiplier au-delà des nécessités de vente et de consommation, et que chaque maître avait une clientèle assurée. L'artisan ne travaillait que sur commande et pour des consommateurs connus. La production ne pouvait déborder la consommation, comme de nos jours, où l'on produit aveuglément, à l'aventure, sans calculer, au préalable, les chances d'écoulement : aussi, ne connaissait-on point ces encombrements des magasins et entrepôts, ces engorgements de tous les marchés, qui avilissent les produits, engendrent les ventes au rabais, la dépréciation des profits et des salaires, et finalement les banqueroutes ;

3° Que la population des campagnes ne pouvait, comme maintenant, déserter l'agriculture pour l'industrie (qui, du reste, exigeait alors plus de capacités qu'aujourd'hui, où l'outillage mécanique s'est en quelque sorte substitué à la main-d'œuvre) ; que, dès-lors, il n'y avait jamais dans les ateliers surabondance de bras, disproportion entre l'offre et la demande, agglomération d'ouvriers sur un point donné, et déplacements brusques, causes de cette sousenchère perpétuelle entre les affamés sans emploi.

Enfin, la population ouvrière de ce temps-là ignorait toutes les vicissitudes, toutes les misères, toutes les abominations dont sont victimes les ouvriers de nos manufactures, et qui datent de 1791, du jour où, le droit de réunion professionnelle étant aboli, « au nom de la liberté et de l'égalité », naquit le prolétariat moderne !

Les Corporations étaient organisées au plus grand avantage des maîtres, nous n'en disconvenons pas ; mais, du moins, d'après ce système, tout travailleur avait-il la sécurité du présent et celle de l'avenir. Si les maîtres pouvaient seuls arriver à l'indépendance complète et à la fortune, le compagnon pouvait espérer devenir maître à son tour et, dans tous les cas, il avait *la certitude de trouver toujours à vivre de son travail*, tandis que, de son côté, l'apprenti était assuré de gagner sa vie plus tard, soit comme compagnon, soit comme maître. — Car, en ces temps-là, les crises industrielles et commerciales étant des fléaux inconnus, il n'y avait ni suspension de travail, ni oscillation dans les salaires.

D'ailleurs, le compagnon et l'apprenti faisaient, en quelque sorte, partie de la famille intégrante du maître; ils étaient ses enfants adoptifs, travaillant avec lui, à côté de lui; vivant avec lui et comme lui, s'asseyant à la même table et au même foyer..... Il y avait donc entre eux et lui un lien de solidarité, des rapports continuels de sympathie, de bienveillance et d'amitié.

Les ouvriers étaient logés et nourris par le maître, toute l'année; malades, ils étaient soignés chez lui, et non à l'hôpital. Enfin, — nous ne nous lasserons pas de le répéter, — ils n'avaient à redouter ni mortes-saisons, ni chômages : ILS AVAIENT LE DROIT DE VIEILLIR !

Hélas! comme tout cela est changé !...

De nos jours, l'ouvrier est presque constamment tenaillé par la crainte de la misère, — quand il ne l'est pas par la misère elle-même.

Il est à la merci des entrepreneurs, qui sont eux-mêmes à la merci du hasard. Incertain du présent, il ose à peine songer à l'avenir; aux jours du chômage, il ignore s'il aura demain un grabat et un morceau de pain !

Le travail, le travail sans trève ni repos : voilà, pour lui et pour les siens, la condition *sine quâ non* de l'existence..... Et le travail ne lui est pas *garanti!*

Le salarié n'est plus le « compagnon », il est l'ennemi de son « maître ».

L'industrie moderne, c'est l'enfer! Partout des réprouvés, des maudits, des hommes voués au malheur, ou condamnés — horrible alternative ! — à faire celui de leurs semblables !!!

Faut-il donc s'étonner si la patience échappe à ses infortunés et s'ils s'insurgent parfois violemment contre une Société au sein de laquelle, bien qu'en faisant partie, ils ne trouvent pas même à vivre en travaillant !

Qu'ont-ils à perdre ? La vie !...

Mais elle leur est un fardeau insupportable,

et c'est presque toujours avec la sombre énergie du désespoir, et pour en finir, qu'ils se révoltent.

Voilà où nous a mené, en moins d'un demi-siècle, la théorie anti-sociale de l'insolidarité du laisser-faire !

Le remède à ce lamentable état de choses ?

Combattre, chacun de nous dans la mesure de ses forces et selon ses aptitudes, la tendance de plus en plus prononcée des citoyens à ne s'occuper que de leurs intérêts particuliers.

Au-dessus de la liberté individuelle, qu'on invoque trop souvent à contre-sens, il y a la *liberté générale*, virtuellement détruite par les hommes de 1791, le jour où, en abolissant les corporations d'arts et métiers, ils anéantirent la liberté du travail, sous prétexte de l'étendre.

Cette liberté générale, les travailleurs la reconquerront par l'action puissante, irrésistible, des CHAMBRES SYNDICALES OUVRIÈRES, fortement constituées et indépendantes de toute ingérence gouvernementale, aussi bien qu'exclusives de tout esprit de secte politique ou religieuse.

C'est l'avenir que nous allons étudier dans cette brochure.

Mais, après avoir brièvement indiqué ce qu'était le passé, nous voulons dire un mot de l'état présent, qu'un éminent socialiste a justement appelé *l'état de grèves*.

Ce sera le sujet de notre avant-propos.

AVANT-PROPOS

Les Grèves

Désormais incapables, vu le décret de 1791, de se grouper, de s'associer, de se *corporer*, comme producteurs, et de solidariser ainsi leurs intérêts, maîtres et compagnons firent bande à part, et, l'avènement de la « grande industrie » aidant, un antagonisme implacable eut bientôt remplacé la bonne harmonie qui, pendant des siècles, avait régné entre les divers facteurs de l'industrie nationale.

Ds sorte que ces mêmes hommes, qui avaient si puissamment aidé à l'enfantement de la Révolution française, au nom de l'*égalité*, c'est-à-dire de l'abolition des castes politiques — créèrent, à leur insu, deux *castes économiques*, bien autrement dangereuses pour la paix publique, et radicalement hostiles à cette union de tous les Français, qu'ils avaient rêvée jusque sur l'échafaud : *le Patronat* et *le Salariat.*

Il n'y a plus, en France, ni noblesse, ni clergé, ni tiers-Etat, au sens politico-social de ces trois désignations historiques : il n'y a plus que des exploiteurs et des exploités.

Ceux-ci forment ce qu'on est aujourd'hui convenu d'appeler le « Parti ouvrier », par opposition au « Parti bourgeois ».

Or, quelle a été, depuis vingt-cinq ans, l'arme favorite du premier de ces deux partis contre le second, dans la lutte à mort que le néfaste esprit d'insolidarité a créée entre eux?

La Grève.

Examinons succintement l'ensemble de cette grave question.

Tout d'abord, le « parti ouvrier » est-il assez fort, à l'heure actuelle, pour ériger la grève en dogme fondamental? Evidemment, non! Et la meilleure preuve, c'est que le jour où toutes les fractions de la classe ouvrière s'uniraient sur le terrain d'une grève générale, elles n'auraient pas besoin d'y recourir : les chefs d'industrie seraient tellement épouvantés d'une semblable perspective, que, loin de la provoquer par leurs exigences et leur rapacité, ils concéderaient tout pour l'éviter.

Mais nous sommes loin, bien loin, d'être arrivés à ce degré de cohésion.

Pour le moment, notre devoir est de dire aux ouvriers :

Considérez la grève, cette sœur aînée du chômage, comme votre pire ennemie!

La grève repose sur une idée radicalement fausse : la résistance par la non-production. Or, vouloir opposer la force d'inertie à la puissance du mouvemnet, n'est-ce pas méconnaître la loi du progrès?

D'ailleurs, ne nousa-t-il pas été démontré que l'inégalité de ces luttes les rend presque toujours fatales aux travailleurs? Puisqu'elles ne sont, le plus souvent, que le résultat du désespoir, empêchons-les, en pénétrant l'esprit des ouvriers du grand principe de solidarité, ancre d'espérance des salariés.

La grève est, pour les travailleurs, ce qu'est la guerre pour les peuples, qu'elle mène à la ruine, d'un côté, à la misère de l'autre, et des suites de laquelle le pays souffre bien longtemps encore après le rétablissement de la paix.

L'industrie de Paris ne s'est pas encore relevée — et peut-être ne se relèvera-t-elle jamais complètement — de l'arrêt forcé du travail, de la *grève pour cause de blocus*, qu'elle eut à subir il y a dix ans, et qui fit prendre aux commandes de nombreux articles, de fabrication parisienne exclusive jusqu'alors, une autre direction.

Nous savons bien que des améliorations ont été obtenues par les grèves. Mais, de même que les engins de résistance à main armée, les moyens de *résistance économique* sont perfectibles et doivent, eux aussi, subir les transformations dictées par le temps et le milieu où l'on s'agite et les progrès de la science.

Et c'est pourquoi nous, qui eussions peut-être préconisé la grève avant l'institution des *Syndicats ouvriers*, sommes d'avis aujourd'hui, en présence du grand mouvement social qui nous soulève et nous entraîne, que la grève est devenue un moyen barbare.

Nous ne connaissons qu'un cas où le recours à la grève soit excusable : c'est lorsque tout arangement amiable entre le travail et le capital est rendu impossible par le mauvais vouloir et l'égoïsme des patrons.

Malheureusement, quand surgit une conjoncture aussi regrettable, le travailleur, malgré son bon droit, succombe presque toujours sous la force !

Pour ceux qui les ignorent ou les ont oubliées, nous allons raconter quelques péripéties de la grève des typographes parisiens, en 1879.

A la suite de plusieurs démarches infructueuses des délégués de leur Chambre syndicale auprès des patrons, pour faire accepter par ceux-ci l'élaboration *collective* d'un nouveau tarif, les ouvriers typographes décidèrent la grève. Le fonds social du syndicat était de 140,000 fr. qui, augmentés des *dix pour cent* que s'étaient imposés sur leurs salaires les sociétaires travaillant, permirent à la Chambre syndicale de résister pendant deux mois environ, — l'allocation quotidienne servie aux grévistes étant de 4 fr., soit les deux tiers de leur salaire moyen habituel.

Un grand nombre de maisons se rallièrent au tarif; d'autres, et des plus importantes, persistèrent obstinément dans leur refus ; enfin, il y eut dans les rangs des ouvriers typographes de lamentables défections, et le résultat le plus clair de la grève fut l'engloutissement complet du fonds social, soit plus de 200,000 fr. !

Ajoutons le découragement dans les esprits, l'antagonisme entre patrons et ouvriers plus avivé que jamais, la gêne dans beaucoup de ménages, et, pour achever le tableau, de nombreux traités, pour plusieurs années, passés avec la province et l'étranger par les éditeurs parisiens dont les travaux ne pouvaient subir de retard.

Quelle magnifique *Imprimerie coopérative* on eût pu créer, pourtant, avec l'argent dépensé pour soutenir la grève!!!

Certes, quand le capitaliste et le riche industriel se refusent à toute concession aux travailleurs, qu'ils paient le moins possible et exploitent le plus qu'ils peuvent, il est du devoir de ceux-ci de chercher à se soustraire à cette odieuse étreinte.

Mais, nous le redisons avec une conviction inébranlable : le recours à la grève ne doit être qu'*in extremis*, et quand tous les moyens de conciliation ont échoué. Ne savons-nous pas, par de douloureuses expériences, que, même quand le succès la couronne, ce n'est qu'un succès passager.

Ce qui, seul, demeure de la grève, c'est précisément ce que nous voudrions voir disparaître pour jamais : la méfiance, l'envie et la haine au fond des cœurs.

— *Enrichissez-vous!* s'écriait, à un banquet célèbre, une des plus illustres incarnations du bourgeoisisme moderne, le vieux et sec Guizot, s'adressant à des « bourgeois » ruraux et citadins.

Instruisez-vous! ne cesserons-nous de crier aux travailleurs.

C'est par l'instruction économique, professionnelle et civique, dont les syndicats ouvriers sont les dispensateurs naturels, que vous parviendrez à l'affranchissement du salariat, but suprême de la Révolution sociale.

ORGANISATION DU TRAVAIL

Les Chambres Syndicales Ouvrières

I.

Au Pouvoir, c'est-à-dire à la représentation de tous les citoyens dont l'ensemble constitue *une nation*, revient de droit — et de devoir — l'initiative et la poursuite énergique de toutes les réformes intéressant les classes laborieuses, nerf et moëlle du pays.

Mais puisque, sous le futile prétexte, vingt fois démenti chaque jour, de « ne porter aucune atteinte à la dignité et à la liberté de chacun » (!!!), nos gouvernants, quelle que soit leur étiquette, se refusent à aborder résolûment la QUESTION OUVRIÈRE, dont la discussion, ingrate — et trop abstraite, pour la plupart d'entre eux, — ne leur procurerait point toutes les joyeusetés des chicanes politiciennes, il appartient aux intéressés de s'en occuper par et pour eux-mêmes, et de rappeler à nos faiseurs de lois, aussi habiles à jongler avec des textes que les clowns avec des boules de cuivre, qu'il ne suffit point d'expulser à grand fracas quelques centaines de moines et de décréter l'instruction laïque et obligatoire, pour satisfaire aux revendications du peuple ouvrier, que l'amélioration de son sort matériel intéresse au moins autant que son affranchissement intellectuel.

Songer à meubler sainement l'esprit de l'enfant, c'est très bien ; mais se préoccuper d'alimenter confortablement l'estomac du père et de la mère, ce serait mieux encore, en vertu du précepte psychologique fondamental : UN ESPRIT SAIN DANS UN CORPS SAIN.

L'institution des Chambres syndicales n'eût pas d'autre origine que le mauvais vouloir et l'insuffisance des pouvoirs publics, à l'endroit de la *Question ouvrière.*

Limitant leurs travaux, leurs études et leur action à la recherche et à l'application, endéans la légalité, des moyens d'améliorer graduellement la condition des travailleurs, jusqu'à l'affranchissement définitif du salariat, les Chambres syndicales ouvrières étaient appelées à rendre d'invaluables services à la grande cause dont elles procèdent.......

Mais ceux qui avaient tout à redouter de leur succès, et qui s'étaient récriés comme des énergumènes contre leur institution, ne tardèrent pas à en paralyser l'essor et l'action bienfaisante en incitant des faux-frères et des imbéciles à y introduire l'élément de discorde et de division par excellence, à notre époque : la politique.

— O politique ! que de sottises on commet en ton nom !

Sans aller bien loin, n'avons-nous pas vu, ici-même, au Havre, une des premières Chambres syndicales du pays, s'ériger, à la veille d'une manifestation du suffrage universel, en comité électoral ?

Comme s'il était possible d'introduire dans les statuts et réglements d'une Chambre syndicale ouvrière, destinée à s'occuper purement et simplement d'intérêts économiques et d'apprentissage commercial, un article de foi prescrivant aux adhérents la ligne politique qu'ils doivent suivre, sous peine d'excommunication !

Non que nous prétendions exclure l'ouvrier, *parce qu'ouvrier*, des préoccupations et des luttes politiques, et infliger un blâme à celui qui se passionne pour telle ou telle théorie. — Non, certes.

Mais nous estimons que les discussions, éternellement grosses d'orages, qui se rattachent à la politique, ne doivent point se produire dans le sein d'une Chambre syndicale ouvrière, où elles ne peuvent engendrer — l'événement ne l'a que trop prouvé ! — que dissensions, méfiances, haines, et finalement la débandade, à la grande joie des exploiteurs des salariés.

Le seul résultat sérieux, pratique, incontestable, obtenu jusqu'ici par les syndicats ouvriers, c'est la création des CHAMBRES SYNDICALES PATRONALES !!!

En 1876, les ouvriers ont indiqué la voie, et mieux avisés, plus malins qu'eux, les patrons l'ont suivie.

Il faut bien avoir le courage de le dire : au fur à mesure que les Chambres syndicales ouvrières se sont désagrégées, les syndicats des patrons se sont affermis.

La désastreuse expérience de ces dix dernières années ne doit pas être perdue. Les Chambres syndicales ouvrières, qui jusqu'ici, n'existaient qu'à l'abri d'une tolérance toujours révocable par caprice ministériel, viennent d'être reconnues par la loi dite des *Syndicats professionnels*.

Le moment est donc plus propice que jamais pour étudier le rôle décisif qu'elles sont appelées à jouer dans le grand drame économique dont les péripéties convulsent la seconde moitié du dix-neuvième siècle.

II

Le seul but, l'unique raison d'être des Chambres syndicales ouvrières, c'est l'affranchissement des travailleurs. Mais les voies et moyens pour atteindre ce but, et surtout la façon de procéder, sont l'objet de divisions profondes dans le camp ouvrier.

Certains, croyant que la solution du problème social réside tout entière dans la conquête du pouvoir politique, n'aboutissent le plus souvent qu'à se ridiculiser et, par ricochet, la grande famille des travailleurs. Ils s'écartent, en tous cas, complètement du but indiqué.

Mais, abstraction faite de ces égarés, nous restons en présence de divers systèmes, qu'il est de notre devoir d'examiner.

Les socialistes sont d'avis que les travailleurs ne doivent attendre leur émancipation économique que de l'association.

Tout au contraire, LES POSITIVISTES prétendent que l'association ne peut aboutir qu'à l'introduction d'un élément de plus à combattre entre employeurs et employés, et que, bien loin de résoudre le problème social, les sociétés coopératives de production et de consommation, préconisées par les socialistes, retarderont indéfiniment l'accord, sur des bases équitables, entre les patrons et les ouvriers.

Voici, du reste, comment s'exprimait, à ce sujet, M. Pierre Laffitte, dans une lettre à Emile de Girardin, sur *l'Economie politique positiviste :*

....

« Cette solution est tellement illusoire pour le prolétariat, qu'elle ne peut s'adapter au plus grand nombre des ouvriers, qui restent en dehors, sous le nom de *salariés des associations.*

» Et ici, nous touchons à l'un des vices

les plus dangereux de cette utopie économique ; car *l'association*, à ce point de vue, ne constituera finalement qu'un procédé, pour un certain nombre d'ouvriers, de sortir du prolétariat, de manière à former facilement et en quantité de petits patrons moins dignes, habituellement, que les autres, parce qu'ils seront moins responsables.

» Aussi, une telle solution ne devrait-elle inspirer aux vrais prolétaires ni sympathie, ni appui, et doit-elle attirer le blâme des vrais philosophes, qui ne peuvent voir dans les associations qu'un moyen de produire dans le prolétariat un déclassement essentiellement fâcheux. »

Eh bien ! nous déclarons en toute sincérité n'être point de l'avis de messieurs les positivistes, tout en reconnaissant qu'ils ont soulevé, contre une théorie qui nous est chère, des arguments qui ne manquent pas de valeur.

Le pessimisme des positivistes à l'endroit des Associations ouvrières est basé sur la triste expérience du passé. Notre optimisme, à nous, provient de notre foi robuste dans l'avenir.

On ne renonce pas à un mets parce que, préparé par un mauvais cuisinier, ce mets vous a causé, un jour, une indisposition. On prend tout simplement un meilleur cuisinier.

Que voyons-nous dans le passé ? Nombre de sociétés coopératives sombrer, en laissant plus malheureux qu'avant les ouvriers qui les avaient créées, — à l'exception de quelques individualités plus intrigantes qu'intelligentes, assez habiles, toutefois, pour avoir su tirer à elles la couverture.

Mais si des faits semblables ont pu se produire ; si même il s'en produit encore aujourd'hui, il est évident, pour quiconque veut bien se donner la peine de raisonner sans parti pris, que l'action *bien comprise* des Chambres syndicales doit en prévenir à tout jamais le retour.

Les syndicats professionnels sont les jalons

qui doivent indiquer aux salariés la route de la coopération. C'est à eux qu'il appartient d'éclairer l'avenir des sociétés coopératives, d'y préparer les ouvriers, en les instruisant, en leur apprenant à se bien connaître, à se juger sainement et à discerner, parmi eux, les capacités véritablement honnêtes.

Quand ils auront accompli cette tâche d'éducateurs, le danger signalé par les positivistes anra cessé d'exister.

L'introduction des machines à vapeur et engins mécaniques de toute sorte dans l'industrie, a tellement divisé le travail, qu'aujourd'hui l'*ouvrier complet* a fait place, presque partout, au *spécialiste habile.*

Hélas ! les machines se sont ainsi faites les complices d'une idée essentiellement monarchique, trop souvent mise en pratique avec succès dans le cours de l'Histoire : DIVISER, POUR RÉGNER ! Elle ont fait la part belle aux capitalistes, en empêchant, pour ainsi dire, toute concurrence sérieuse de la part des producteurs (1).

Il suffit que les travailleurs se rendent bien compte de cet état de choses si grave, si préjudiciable à leurs intérêts, pour qu'ils se déterminent enfin à réagir vigoureusement, à l'aide de ce puissant lévier d'avenir, fétu de paille aujourd'hui, bélier d'airain irrésistible demain : **les syndicats ouvriers.**

Nos détracteurs systématiques, et même nos adversaires de bonne foi, objecteront peut-être que nous voulons ressusciter les jurandes et les maîtrises. Qu'ils se détrompent. Nous ne rêvons rien de semblable, ainsi que nous l'avons très explicitement déclaré dans l'INTRODUCTION à cette étude.

Nous sommes des pionniers de l'avenir, et non des exhumateurs du passé.

(1) La plupart des machines, qui n'ont jamais profité qu'aux chefs d'industrie, n'ont-elles pas été inventées et perfectionnées par des ouvriers.

Ce que nous voulons, c'est que les adhérents aux syndicats ouvriers soient nombreux, qu'ils comptent dans leur sein, s'il est possible, tous les membres d'une même corporation, — contrairement à l'opinion d'un grand tribun déchu qu' « il est préférable de les voir répartis (c'est-à-dire *divisés*) en plusieurs syndicats. »(!!)

Un syndicat unique ne peut menacer la liberté de personne, chacun étant libre d'en faire ou de n'en point faire partie ; mais il donnerait à la corporation — et, par extension, à tous les travailleurs, quelle que soit leur profession, — une force immense, par le groupement, par la cohésion. Il permettrait, enfin, de réclamer, avec certitude d'être écoutés, les améliorations et les réformes dont se compose le problème social, tout en prenant pour devise :

Pas de révolution violente !
Le progrès par les institutions !

III

En abolissant les *jurandes* et les *maîtrises*, 9 ne sut pas distinguer en elles le bon d'avec le mauvais. En décrétant leur abolition brusque pure et simple, on décréta le *laisser-faire*. Là fut la faute, la faute immense.

Le laisser-faire, autrement dit, le *chacun pour soi*, devait fatalement engendrer *l'insolidarité*, d'où est née cette concurrence effrénée que, bêtement, on appelle « l'âme du commerce ».

Que voyons-nous aujourd'hui ?

Concurrence du patron contre le patron : — lutte du capital contre le capital.

Antagonisme entre les intérêts de l'entrepreneurs et ceux de ses ouvriers : — lutte du capital contre le travail.

Guerre des salariés entre eux : — lutte fratricide du travail contre le travail.

Partout, des intérêts rivaux en présence ; partout des conflits ; partout la compétition acharnée, la discorde, la haine, la soif de vengeance ; la coalition à l'atelier, la guerre sociale dans la rue !

Comment réagir contre ces alternatives

anormales de travail fiévreux et de chômage forcé, dont nous sommes les témoins et les victimes ? Comment éclairer d'un rayon de soleil ces enfers du travail, *les fabriques* ?

Comment raviver, comment faire renaître ces rapports de solidarité entre tous, plus que jamais nécessaires ?

Le Congrès régional du Centre (1882) l'a judicieusement dit :

PAR LES GROUPEMENTS CORPORATIFS.

Nous n'hésitons pas à l'avouer : — Tout en reconnaissant que le gouvernement peut et doit faire quelque chose pour le bien du plus grand nombre, nous ne croyons pas au *socialisme d'Etat.*

L'Union véritable, franche et féconde des travailleurs ne saurait être l'œuvre des fruits secs de la littérature et du barreau, des déraillés qui ne vivent que de la politique, — trop malins toutefois, quelle que soit leur incapacité dans les questions d'affaires, pour ne pas comprendre que le rôle de faiseurs de dupes, dans lequel ils excellent, cessera d'être aussi aisé et surtout aussi lucratif, quand cette union, que nons appelons de tous nos vœux, aura passé du domaine spéculatif dans celui des faits accomplis.

Il ne faut pas qu'on puisse accuser les Chambres syndicales de n'être que des foyers de coteries. Si le travailleur isolé ne peut rien, *divisés*, les syndicats ne pourront pas davantage.

Nous devons donc préconiser les groupements corporatifs, nationnaux d'abord, internationaux ensuite.

Trop souvent on oppose aux revendications des ouvriers, *les lois de l'économie commerciale, la concurrence étrangère...*; — lois fictives, concurrence insensée, dérivées toutes deux d'un organisme social à contre sens.

Pas plus que l'art et la science, le travail n'a de patrie : nous ne sachons pas que le cordonnier de Berlin, ou celui de Chigago, s'y prenne autrement qu'un disciple français de saint-Crépin, pour faire une paire de bottes.

Nous savons bien que le socialisme *scientifique* a de chaleureux adeptes. Mais, toutes réserves faites quant à la diversité des tempéraments, des caractères et des habitudes, engendrée, par les variétés climatiques, nous nous proclamons hautement partisan de l'INTERNATIONALE.

Non de l'Internationale s'occupant exclusivement de politique ; celle-là est morte : paix à ces cendres ! Mais de l'Internationale ne s'occupant que des questions intéressant le travail.

Etre à même de raisonner savamment de la matière première, de sa provenance, de son prix de revient ; du prix de la main-d'œuvre dans tel ou tel pays ; des marchés d'écoulement pour les produits fabriqués : — ne sont-ce donc pas là autant de questions dont, jusqu'ici, on a laissé l'ouvrier ignorer jusqu'aux rudiments ?

— Le jour où le peuple sera instruit, écrivait Catherine II au gouverneur de Moscou, ni vous ni moi n'aurons nos places !

— Le jour où l'ouvrier aura fait son éducation professionnelle et commerciale, se disent les exploiteurs de la main d'œuvre, il ne nous restera plus qu'à explorer des mines de fromage vert dans la Lune.

Avec les groupements corporatifs internationaux, les ouvriers feront graduellement leur éducation économique, à peine ébauchée, ce qui permettra aux générations futures de continuer et d'achever l'œuvre régénératrice, sans dévier du chemin tracé par leurs devancières.

On reproche aux membres des corporations de trop se laisser absorber par les soucis de la vie au jour le jour, de permettre à la préoccupation du pain quotidien de primer toute idée d'affranchissement ultérieur.

Il y a, certes, du vrai dans cette proposition. Mais ce qui est incontestable, c'est que l'incertitude de l'avenir, en présence des infirmités qui accablent le travailleur parvenu à son déclin, plisse le front de l'ouvrier davantage encore.

Or, ce n'est qu'en solidarisant les intérêts ; d'abord, entre les travailleurs d'un même corps d'état ; puis, entre patrons et ouvriers ; ensuite, entre les diverses industries d'un même pays, et, finalement, entre tous les groupes corporatifs de toutes les nations ; — ce n'est qu'ainsi, que le travailleur pourra, sans trembler, voir venir la vieillesse, certain qu'il sera désormais d'être à l'abri de la misère et des humiliations sans nombre qui, de nos jours, empoisonnent les dernières années d'une existence toute de travail.

— Caisses de prévoyance contre les maladies et les chômages ;

— Ecoles d'apprentissage commercial ;

— Caisses de retraite pour les invalides et les vieillards ;

Que les ouvriers en soient bien convaincus : toutes ces choses ne naîtront que de leur action collective, soutenue par une volonté persévérante, énergique, inébranlable, sous l'égide des groupes corporatifs.

IV.

L'idée syndicale ne signifiant pas autre chose que la réunion d'individus exerçant la même profession, dans le but de défendre leurs intérêts *professionnels* et de rendre leur condition meilleure, il est absolument nécessaire de combattre, de détruire le déplorable préjugé dont sont imbus les ouvriers, à l'égard d'une partie notable du personnel travailleur.

Nous l'avons dit, et nous le répétons : — Avec les Chambres syndicales, les divisions doivent disparaître : quels que soient la dénomination, le titre et la qualité des salariés, tous sont DES TRAVAILLEURS.

Or, les *employés*, les comptables, les scribes de l'industrie, ont été et sont encore trop souvent considérés par leurs camarades *ouvriers*, comme des non-valeurs, uniquement bons à grossir les frais généraux de l'entreprise, — en argot d'atelier : des *nourrissons*.

Les ouvriers aux mains noires et caleuses, portant la blouse et la casquette, sont, d'autre part, et hiérarchiquement parlant, regardés par les gens à optique superficielle et les faquins, comme inférieurs aux employés, dont tout au plus le bout du doigt est taché d'encre, et qui sont obligés de porter, au bureau comme à la ville, des vêtements dont la modicité de leurs appointements ne leur permet pas toujours d'acquitter la note.

Et malheureusement, beaucoup de ces *employés*, les jeunes surtout, donnent dans ce travers et se croient au-dessus de leurs confrères en exploitation capitaliste, parce qu'ils sont mieux habillés que ceux-ci.

Quelle aberration ! Comme si les uns et les autres, ouvriers et employés, n'apportaient pas au succès commercial de l'entreprise des aptitudes qui, pour être diverses, n'en sont pas moins essentielles à sa prospérité, et se complètent les unes par les autres !

Nous ne voulons pas rechercher s'il est de l'intérêt du *capital* d'entretenir cet antagonisme jaloux, qui n'est qu'un ridicule non-sens ; mais ce que nous ne pouvons ignorer, c'est qu'il est indispensable au triomphe de la cause du salariat qu'ouvriers et employés se rapprochent et s'entendent, pour combattre sous le même drapeau des revendications sociales.

Que de conflits eussent été évités si, avant de les engager inconsidérément, soudoyés qu'ils étaient par des intermédiaires autorisés, — et souvent payés pour les faire naître, — les ouvriers avaient pu, par des délégués intelligents, se mettre en rapports étroits avec les employés !

Car nul homme n'a de connaissances universelles : si tel ouvrier sait exécuter un travail à la perfection ; s'il sait, en outre, raisonner du prix de la main-d'œuvre et en apprécier l'économie, — l'employé, de son côté, connaît la matière première, sa provenance, son rendement ses prix courants d'achat et de vente ; par la correspondance et la comptabilité de la maison, il connaît les marchés passés par le patron, les concurrences à redouter ; en un mot, la situation générale de la partie, au jour le jour.

La fusion de ces deux forces : l'atelier et le bureau, l'ouvrier et employé, pourrait et devrait parfaire l'instruction professionnelle de chacun.

Il ne suffit pas à l'ouvrier de devenir un habile outil, dont on se servira peut-être plus tard pour abaisser le taux, déjà trop bas, des salaires. — Pas plus qu'il ne suffit à l'employé d'aligner des chiffres au grand-livre et de s'abrutir sur des additions interminables.

Il faut qu'employés et ouvriers coalisent leurs capacités respectives, de façon à être invincibles dans la grande lutte pour la vie.

Prenez, aujourd'hui, un bon ouvrier, connaissant à fond son métier; causez avec lui de la partie qu'il exerce depuis son enfance : vous serez émerveillé de l'entendre; les explications techniques qu'il vous donnera vous éblouiront, et vous direz : *Voilà un homme d'une intelligence supérieure !*

Essayez ensuite d'aborder un sujet étranger à ses occupations habituelles, à son industrie : cet ouvrier, si intelligent tout-à-l'heure, est devenu d'une nullité désespérante.

Si donc nous considérons les Chambres

syndicales comme l'embryon des Sociétés coopératives, il faut que l'ouvrier s'en serve pour se préparer au commerce.

L'entente cordiale, la bonne harmonie, l'échange mutuel de notions professionnelles entre employés et ouvriers, fournira d'emblée aux syndicats les éléments nécessaires pour former des *Écoles commerciales pratiques.*

V.

Le 5 Juillet 1848, l'Assemblée Nationale votait une somme de trois millions, destinée à encourager les essais d'associations ouvrières.

Nous voulons bien croire que la majorité des Représentants qui se rallièrent à la proposition de leur collègue, M. ALCAN, voulut sincèrement favoriser cette tentative ; mais nous restons convaincus que la minorité ne regarda ces trois millions que comme un dernier sacrifice fait à la Révolution et un moyen de se débarasser du socialisme, en lui jetant un os à ronger.

En effet, les ouvriers, trop peu expérimentés et ne possédant aucunes notions commerciales, se jetèrent inconsidérément dans les bras de prétendus *sauveurs;* la plupart des sociétés ouvrières sombrèrent, et lorsqu'en 1854, M. HUBER, l'un des plus ardents apôtres de la coopération, en Allemagne, visita Paris, les recherches les plus minutieuses ne purent lui faire découvrir plus de vingt-sept Sociétés coopératives, — sur les trois cents qui existaient en 1849 !

Hélas ! il faut bien le reconnaître : les bons résultats obtenus n'existaient que pour certains individus, pêcheurs en eau trouble, qui avaient profité de la débâcle économique de 48, pour se faire un lit plus moëlleux.

C'est afin d'éviter à tout jamais le retour de ces fiascos désastreux, que nous prônons la création d'*Ecoles commerciales pratiques*.

Voici donc l'exposé de notre idée :

Nous prenons la corporation des Typographes par exemple : le raisonnement que nous ferons sur celle-ci pourra s'appliquer à beaucoup d'autres.

Nous posons en fait que, sur mille ouvriers typographes, intelligents et habiles, il n'en est pas cinquante pouvant raisonner de leur métier, sous toutes ses faces.

Et pourrait-il en être autrement ? L'ouvrier typographe, comme celui de n'importe quelle autre industrie, est, avant tout, un spécialiste ; il ne connaît bien que la branche qu'il exerce, et c'est, précisément, cette division du travail qui est cause de son ignorance de l'ensemble, qu'on ne saurait, sans injustice, lui reprocher.

Supposons une Chambre syndicale ouvrière des enfants de Gutenberg, recevant dans son sein tous les adhérents des professions se rattachant à l'art de l'imprimerie, et instituant, au siège social, un Cercle d'études commerciales : comment les promoteurs de l'institution devront-ils procéder ?

Ils commenceront par se procurer la matière indispensable pour imprimer : le papier ; puis, ils collectionneront tous les modèles de composition et d'impression courantes ; ils nommeront un bureau, *toujours renouvelable*, et, aux heures d'études, figureront une maison de commerce : — offre et demande ; fournisseurs et clients ; devis, plans, prix raisonnés, etc., etc.

On voit d'ici les résultats susceptibles d'être obtenus avec un programme d'études pratiques destiné surtout à familiariser l'ouvrier manuel avec les *ficelles* du commerce.

Pour le papier :

Sa pâte, — sa force, — son prix, — son format et ses subdivisions.

Pour les modèles :

Le prix de la composition, du tirage, du brochage et du façonnage ; — l'étoffe.

Le tout, suivi de causeries sur les meilleurs moyens à employer pour obtenir tout à la fois la plus rapide et la meilleure exécution.

Et, comme les rôles seront constamment

intervertis, — c'est-à-dire que le client de la veille deviendra le fournisseur du lendemain, — ces études, qui seront un passe-temps et une distraction, porteront leurs fruits pour l'avenir.

Eviter les tâtonnements des débuts ; faire par anticipation, un apprentissage qui, fait après coup, devient souvent fatal pour les débutants, c'est aller au devant du succès, en écartant de l'association certaines « capacités » qui ne brillent qu'à l'abri de l'inexpérience des autres.

Mais notre Cercle d'études n'a pas seulement pour but de préparer les ouvriers au commerce.

Nous devons, en effet, considérer que certaines industries, telles que la métallurgie, l'extraction du minerai, l'agriculture, ne présentent pas, pour les travailleurs, les mêmes facilités d'association que la confection des habillements et de la chaussure, la boulangerie, la serrurerie, etc.

Mais les écoles commerçiales pratiques

aideront les ouvriers, quelque profession qu'ils exercent, à se rendre un juste compte des exigences des patrons ; en les appréciant plus exactement, ils pourront les combattre plus efficacement.

D'un autre côté, les ouvriers, moins ignorants de la partie commerciale, pourront *démonopoliser* certains individus n'ayant aucune de leurs connaissances manuelles et qui, cependant, les commandent, uniquement parce qu'ils sont gens d'affaires, — *business men*, comme disent les Anglais.

Il faut bien le reconnaître : le plus bête des mélassiers, ayant gagné nombre de varices, plus un catarrhe et 15,000 livres de rente, à débiter du suif et de la cassonnade, pendant quarante ans, derrière un comptoir, est plus malin, au point de vue commercial, que le plus intelligent des ouvriers qui n'a jamais travaillé que manuellement.

Cela est si vrai, qu'ici même, au Havre,

une de nos premières imprimeries est dirigée, et *fort bien dirigée*, par un ancien marchand de morue qui, cependant, n'a pas dû naître avec une bosse d'administrateur, et qui, certes, n'a pas inventé le fil à couper le beurre.

Enfin, notre Cercle existant, les ouvriers, les métallurgistes, par exemple, deviendront beaucoup plus forts pour lutter contre un de leurs plus mortels ennemis : LE MARCHANDAGE, qui sera le sujet du chapître suivant.

VI

C'est à dessein que nous avons placé cette étude sociale sous le vocable des Chambres Syndicales. Elles seules, en effet, dans un avenir que nous espérons devoir être prochain, feront aboutir nos revendications.

Elles seules peuvent combattre efficacement tous les abus provenant de l'individualisme ; c'est notre conviction profonde.

Que plusieurs malfaiteurs s'entendent

pour dévaliser un seul individu : — celui-ci, protégé par les lois, fera condamner les autres.

Mais qu'une riche société industrielle prenne des mesures tendant à mieux voler 3,000 ouvriers, soit en leur refusant une augmentation de salaire, justifiée par les besoins nouveaux, soit même en réduisant ce salaire, déjà insuffisant : — il n'y a pas une loi (nous le voyons bien chaque jour) pour secourir les trois mille femmes et les six ou huit mille enfants qui auront à souffrir de la mauvaise action combinée par ces « bourgeois ».

Voilà pourquoi nous nous plaçons sous l'égide des syndicats.

Nous avons dit qu'il faut considérer *le marchandage* comme un des pires ennemis de l'ouvrier. Cette vérité n'a pas besoin d'être démontrée. Les ouvriers expérimentés savent à quoi s'en tenir là-dessus et, depuis longtemps, ils ont condamné — sans avoir pu l'abolir — un système d'apparences alléchantes, mais qui se traduit, par le fait, en un monopole pour certains d'entre eux, et n'a été inventé que pour faciliter le *gardiennage* des contre-maîtres, en leur permettant d'embrigader les ouvriers par groupes, sous le commandement d'un des leurs pour chacun de ces groupes.

Le *marchandage* n'est autre chose que *le travail aux pièces*, tarifé par les ouvriers, mis en concurrence.

Une compagnie, à la veille de traiter pour un gros travail, ses administrateurs recherchent d'abord les moyens de diminuer les frais de main-d'œuvre, et, pour ce faire, procèdent ainsi :

— *Un tel*, dit le maître, nous allons avoir à faire cinq cents modèles semblables ; il nous faut en établir sérieusement le prix.

Nous craignons la concurrence étrangère, et, connaissant vos capacités, nous vous avons désigné pour nous aider à lui faire échec.

Voici deux de ces modèles : établissez-les au mieux de nos intérêts, *qui sont les vôtres*(!!!) ; le temps passé à les exécuter nous servira de base pour en fixer le prix de main-d'œuvre.

Jusque là, rien à dire. Si l'ouvrier qui subit ce raisonnement est intelligent, il comprendra qu'il ne doit pas suer sang et eau pour prouver à son chef hiérarchique qu'il a bien les capacités que celui-ci daigne luireconnaître.

Mais ce langage est tenu simultanément à plusieurs ; l'ouvrier *un tel* le sait ; il ne veut pas être distancé par ses collègues, et il arrive que chacun d'eux, non content d'activer sa tâche outre mesure, *trompe en moins* sur le nombre d'heures passées à l'exécution des modèles, afin d'arriver bon premier.

Mis en facede ce résultat, legarde-chiourme (autrement dit, le contre-maître) rumine cette déduction : — *Un tel* n'a mis que vingt-deux heures pour l'exécution de chacun de ses modèles ; familiarisé avec cette besogne et ayant une certaine quantité de modèles en mains, cinquante par exemple, il arrivera facilement à les exécuter en vingt heures mettons même dix-huit. Et c'est ce dernier chiffre qui servira de baseau tarif.

Soyez tranquilles, du reste, toutes les précautions sont prises. Au cas où les choses ne se seraient pas passées comme nous venons de le dire, le patron n'éprouverait aucun déboire, car :

1° Les cinq cents pièces ne seront mises en mains que par séries de cent, moyen infaillible d'en modifier le prix, s'il était par trop rémunéteur ;

2° Un maximum de bénéfice, indiqué par avance, ne pourra être dépassé par l'ouvrier ;

3° Comme compensation, la perte, si perte il y avait, serait, bien entendu, supportée par lui.

C'est ainsi que le système de *marchandage* est mis en pratique par la Société des Forges et Chantiers.

On tolère, aux ouvriers-marchandeurs, 25 0/0 de bénéfice. Si l'exécution d'un travail payé à raison de vingt-heures n'en a pris que quinze, les cinq heures de différence seront le bénéfice de l'équipe, soit 25 0/0. — Les ouvriers sages et *malins* ne devraient jamais aller au-delà.

Si, au contraire, ce même travail demande

vingt-six heures, au lieu de vingt, c'est 25 0/0 de perte que cette même équipe devra rembourser à la caisse, sur les bénéfices acquis ou à acquérir.

D'ailleurs, le marchandage n'eût-il point tous ces inconvénients, nous n'en serions pas moins énergique à le condamner, à cause de l'insolidarité qu'il fait naître entre les travailleurs.

Les équipes des ouvriers-marchandeurs sont, le plus souvent, formées en écartant les vieux travailleurs, qui ne produiraient pas assez et avec lesquels il faudrait, quand même, partager.

C'est à ce titre que nous indiquerons aux ouvriers un système nouveau :

La Commandite, au Prorata

Devant ce système, tous les ouvriers sont égaux, chacun touche *le produit intégral de son travail* et n'a plus à s'occuper de la production, en plus ou en moins, de son compagnon d'atelier.

Qu'en vingt heures, un ouvrier produise l'équivalent de vingt-quatre heures de travail, — il touchera le produit de vingt-quatre heures ; que tel autre ouvrier, dans le même temps, ne produise que l'équivaleut de seize heures,— il se contentera de toucher le produit de seize heures, sans craindre d'être mis à l'écart.

C'est ce qu'on nous permettra d'appeler de la solidarité pratique.

Et n'est-ce pas la meilleure ?

Donc, au lieu du marchandage, la commandite au prorata, fonctionnant à l'abri de tarifs élaborés par les syndicats, et toujours révisables, soumis à l'acceptation des patrons et imposés aux récalcitrants, — les ouvriers ayant fait serment de ne jamais s'en départir.

Voilà l'un des meilleurs moyens de prévenir la réduction des salaires, en arrêtant la production à bon marché, qui n'est pas toujours (il nous serait facile de le prouver) conforme aux intérêts de ceux qui font produire.

Exemple :

Quand l'ouvrier qui travaille gagne à peine de quoi manger; quand son salaire ne suffit pas à assouvir sa faim, la faim de sa femme et celle de ses enfants, comment voulez-vous qu'il consomme les produits de l'industrie ?

L'ouvrier pauvre produit beaucoup et consomme peu.

Or, nous voudrions bien qu'on nous démontrât son intérêt à produire à bon marché, si le riche est seul à même de consommer ?

On aura beau faire : tant que l'ouvrier sera contraint de dépenser, pour se loger et se nourrir — et quels logements ! et quels aliments ! — la presque totalité de son salaire, — et tant que les fluctuations de ce salaire, — suivront constamment celles du prix des denrées, il aura toujours *zéro* pour excédant !

VII

A certaines périodes de leur législature, surtout quand touche à son terme le mandat que leur a délégué le « peuple souverain », (incapable de se douter que la souveraineté ne se délègue pas), — députés et sénateurs éprouvent le besoin, afin de mieux entortiller le suffrage universel, de s'occuper de la classe ouvrière.

Aussi voit-on (comme en Septembre 1848), surgir, de temps à autre, des motions et des discussions transpiratoires du plus ardent amour de la démocratie, concernant le nombre d'heures de la journée légale de travail.

Amère dérision! Les oisifs, ceux qui vivent du suffrage universel, réglementant le séjour de leur souverain dans les bastilles de l'industrie, où des millions d'êtres expient, par les travaux forcés à perpétuité, contre un morceau de pain, le crime de pauvreté !...

Et l'on vote *la loi des douze heures.*

Encore nos grands économistes, évoquant le fantôme de la concurrence étrangère, ont-ils bien soin de faire remarquer aux « amis du peuple » combien il est dangereux de toucher aux moyens de production d'un pays.

Et la *liberté individuelle* ? autre guitare, dont ces incomparables artistes dans l'art de monter le coup aux populations et de s'en faire de dix à vingt mille livres de rente, pincent avec un succès assuré, chaque fois que cette grave question des heures de travail dans les ateliers, usines et manufactures, revient sur le tapis parlementaire.

Mais pas un n'aura le courage d'établir un point de comparaison entre les douze heures de travail et l'outillage d'il y a quarante ans, et les douze heures de travail et l'outillage d'aujourd'hui.

Toute la question est là, pourtant.

Mais, hâtons-nous de le dire : les plus répréhensibles ne sont point les sénateurs et les députés ; ce sont les travailleurs eux-mêmes. — Que, demain, le Parlement vote une loi réduisant la durée de la journée légale à dix heures, au-lieu de douze, l'ouvrier n'en continuera pas moins à travailler, selon son âge et son tempérament, quinze et seize heures, *quand ça presse.*

On nous objectera que les charges de famille ne sont pas les mêmes pour tous ; que si certains ouvriers n'avaient pour subsister que le salaire de la journée légale, ils ne pourraient pas y arriver, et que les heures supplémentaires leur sont indispensables pour joindre les deux bouts.

A cela, fort de vingt ans d'études et d'observations de la vie d'ateliers, grands et petits, nous répondrons.

L'ouvrier n'est chargé de famille qu'à un certain âge; or, ceux qui « font des heures » sont généralement choisis, par les contremaîtres, parmi les jeunes gens, qui résistent mieux à la fatigue — Dépensant plus de forces de production, ceux-ci doivent les récupérer en consommant davantage : d'ou il résulte que le seul bénéfice qu'ils tirent des heures supplémentaires, se résume en deux mots : excès de fatigue; excès correspondant de boire et de manger.

La vérité, c'est que l'ouvrier qui fait une journée et demie, au lieu d'une, *vole* cinq ou six heures de travail, et par conséquent de salaire, à l'un de ses frères, qui chôme peut-être pendant ce temps là; — c'est que, par un travail excessif, contre nature, aux dépens du sommeil et du repos de l'estomac, cet ouvrier se prépare des maladies et une vieillesse prématurée, qui viendront l'accabler et l'incapaciter, juste au moment où les besoins de *la famille* exigeraient qu'il travaillât davantage, pour augmenter ses ressources.

Eh bien ! ce n'est pas à l'Etat de réglementer la durée de la journée de travail. Ses intentions sont peut-être excellentes ; mais les hommes qui vivent grassement du jeu de boules noires ou blanches au scrutin parlementaire, ceux qui voyagent pour rien et s'octroient cinq mois de vacances par an ô — non, ceux là n'ont et ne peuvent avoir ni la compétence, ni l'autorité morale nécessaires pour aborder et résoudre ce problème vital.

C'est aux Chambres syndicales, à elles seules, qu'il appartient de fixer le nombre d'heures de travail et de réglementer la présence de leurs adhérents à l'atelier.

C'est à elles de fournir au patron les équipes de nuit indispensables parfois pour activer tel ou tel travail.

Dans une corporation, il n'y a que trop souvent des chômeurs; ceux-ci, appelés par leur syndicat, exécuteront alors les travaux imprévus et les réparations urgentes.

Parler de *solidarité* est bien; mais il ne suffit pas d'en parler pour en faire; il serait même infiniment préférable d'en faire et de n'en point parler. Il faut agir et savoir mettre bravement en pratique tout ce qui est praticable, dans les innombrables théories humanitaires écloses depuis un siècle et demi.

Qu'on ne s'imagine pas, d'ailleurs, qu'une

mesure comme celle que nous préconisons amoindrirait les ressources de certains ouvriers : il leur passerait moins d'argent par les mains, soit ; mais, par contre, ils en auraient moins à donner au boulanger, au boucher et et au marchand de vin. La déperdition de forces étant moindre, la quantité de combustible nécessaire pour chauffer la machine humaine au degré voulu, serait également moindre, et ils économiseraient en repos, en lectures, en joies familiales, ce qu'ils eussent dépensé au dehors.

A part les cas fort rares de mort subite, l'homme ne quitte pas cette terre d'un jour à l'autre ; c'est graduellement que s'éteignent ses forces physiques et intellectuelles (Encor celles-ci resplendissent-elles souvent d'un éclat magnifique, quand la vigueur de celles-là a tout-à fait disparu).

Or, si de 25 à 35 ans, il est permis à l'homme de travailler outre nature, sans ressentir trop de fatigue, il n'en est plus de même quand il a doublé le cap de la quarantaine.

Et le moyen, pour l'ouvrier, de travailler *tard*, c'est de ne pas se surmener quand il est jeune, c'est de ménager ses forces, afin d'en avoir le plus longtemps possible en réserve.

Voilà ce que nous tenions à dire, avant de causer des *Ecoles d'apprentissage pour les enfants*, — qui existent, — et, par opposition, des *Ateliers exclusivement réservés aux vieux ouvriers*, — qui n'existent point.

Ce sera le sujet du chapitre suivant.

VIII.

A bon escient traitons-nous, dans un même chapitre, ces deux sujets : les *Ecoles professionnelles d'apprentissage*, et les *Ateliers spécialement réservés aux vieux ouvriers*.

Ces deux étapes de la vie : — l'adolescence et la décrépitude, — si éloignées qu'elles paraissent, sont, en réalité, bien proches l'une de l'autre. Préparer celle-là, c'est s'occuper de celle-ci. Ne sont-ce pas ces mêmes *apprentis* qui, plus tard, deviendront les *vieux ouvriers*?

A la sortie de la vie laborieuse, chacun d'eux s'en rappellera l'entrée et ses difficultés; tous sauront gré aux pilotes qui les auront guidés à travers les écueils, et les jeunes serviront aux vieux les intérêts du capital que ces derniers les auront aidés à amasser.

Malheureusement, les écoles d'apprentissage créées soit par les municipalités, soit par de simples particuliers, n'ont pas toujours pour but unique d'apprendre aux enfants à travailler : — *On y produit*, et les apprentis ou élèves de ces écoles ne se doutent guère qu'ils y font concurrence à leurs papas, et qu'ils font ainsi à leur insu, les pauvres enfants! naître chez l'ouvrier un sentiment de mécontentement qui bientôt, peut-être, dégénérera, les circonstances aidant, en un sentiment de haine.

Ces écoles paraissent avoir été fondées sous l'égide de la philanthropie... ; — simple illusion d'optique!

Ah! si elles ne profitaient qu'a l'ouvrier! — Mais ceux qui les ont créées et propagées ne sont pas des ouvriers, et comme, en définitive, il faut bien reconnaître qu'ils ont rendu service à de pauvres enfants ayant perdu leur ange gardien, on ne peut trop leur en vouloir de s'en servir au mieux de leurs intérêts; c'est dans la nature humaine : — *homo um* .....

N'avons-nous pas vu, il y a quelques années, les élèves des écoles professionnelles des maisons Chaix, Lahure, Claye, grands imprimeurs de Paris exécuter tant bien que mal, (plus mal que bien), lors d'une mise bas des ouvriers typographes de la rue Bergère, les travaux les plus pressants, et, par leur *innocent* concours, aider le patron à tenir la dragée haute à ses ouvriers?

En semblable occurence, quel est le coupable?

Le patron? — Non.

L'apprenti? — Non.

Le seul coupable, c'est l'ouvrier.

Comment se fait-il qu'un apprenti, fils d'ouvrier, aulieu de s'adresser directement à *ses pairs*, pour le choix d'une profession, croie mieux faire en s'adressant aux patrons?

Que les ouvriers réfléchissent à la gravité de cette question, dont la solution se présente d'elle-même.

Pour l'ouvrier, l'apprenti a toujours été un futur concurrent. Au lieu de lui démontrer que jusqu'à la fin de son apprentissage, il est, entre les mains de certains patrons, un instrument destiné à leur mieux assurer, éventuellement, la soumission des ouvriers,— ceux-ci font trop souvent le vide autour de lui, se réjouissent de ne lui voir rien apprendre, lui cachent soigneusement les ficelles du métier, et le guettent grandir avec terreur.

C'est que l'apprenti est, en quelque sorte, la chose du patron; peu aimé des ouvriers, il leur rend la pareille, et, en attendant qu'il soit lui-même ouvrier, il ne trouve de défenseur contre les mauvais procédés, et bien souvent contre les brutalités de ses aînés, qu'auprès du patron, auquel il appartient ainsi corps et âme.

Pourquoi donc les ouvriers ne s'attacheraient-ils point ces enfants?

Ne serait-il pas tout naturel que le présent donnât la main à l'avenir? *L'apprentissage de l'enfant, sous l'égide des syndicats*, ferait naître dans son cœur un sentiment de gratitude qui ne pourrait que s'accroître avec les soins dont on entourerait sa jeunesse.

Si le travail est, de droit, la propriété du travailleur, qu'il gère cette propriété, qu'il en dirige les forces productrices, et que, dans la mesure d'une rigoureuse équité, il sache être le maître de celles-ci.

Le choix d'une profession est un grave et difficile problème, pour l'enfant du pauvre; bien souvent, le hasard seul y préside, et comme il ne fait pas toujours bien les choses, il advient que certaines professions se trouvent encombrées d'ouvriers tandis que d'autres éprouvent parfois de grandes difficultés à recruter leur personnel.

Ne doit-on pas attribuer ce dangereux état de choses au peu de protection que rencontrent, de la part de leurs tuteurs naturels, les frères et les fils des ouvriers syndiqués?

Combien de malheureux enfants arrivent à l'âge d'homme, sans posséder un métier! — Après avoir couru d'atelier en atelier depuis l'âge le plus tendre, et changé cinq ou six fois de profession, ils atteignent l'âge où la nécessité de gagner sa vie se fait impérieusement sentir, et sont réduits à se faire... hommes de peine, c'est-à-dire *parias du travail*!..

Toutes les religions ont leur catéchisme; on a récemment fabriqué le manuel (ou catéchisme) de l'électeur, où les enfants doivent apprendre leurs droits et leurs devoirs civiques.

Eh bien! pourquoi chaque corporation ouvrière ne résumerait-elle pas, en un petit livre, les charges, bénéfices et déboires attachés à sa profession, — petit livre qui indiquerait, en même temps, les conditions physiques et intellectuelles reconnues indispensables pour exercer le métier?

Ce *Vade mecum* servirait de guide aux parents pour discerner la vocation de l'enfant, en lui faisant entrevoir les avantages et les inconvénients de tel ou tel métier.

Nous connaissons une imprimerie de la place du Havre, qui occupe aujourd'hui *plusieurs apprentis ne sachant* pas lire. Il est bien évident que ces malheureux enfants, qu'on ne peut employer qu'à faire des courses, perdent un temps précieux, qu'ils ne rattraperont jamais.

Nous avons la conviction que, dans un avenir rapproché, les syndicats ouvriers institueront de *vraies* écoles d'apprentissage, et que l'on arrivera ainsi à rayer du vocabulaire de l'atelier la qualification d'*homme de peine*, qui jette une certaine déconsidération sur de pauvres diables, ouvriers manqués par la faute d'un organisme social vicieux.

C'est en ce faisant, que les syndicats prépareront la création d'ateliers pour les vieux ouvriers.

Quoi de plus triste, pour le travailleur, que cette perpétuelle incertitude de l'avenir!...

Ah! si, tout en avançant en âge, l'homme ne perdait rien de ces facultés physiques et intellectuelles; s'il conservait, jusqu'au bout de son rouleau, la force musculaire et la mémoire, la souplesse du corps et celle de l'esprit!...

Mais il n'en est point ainsi, et le moment arrive, trop vîte, hélas! où l'ouvrier recherché d'autrefois, celui dont on vantait l'habileté, est mis de côté, — quand ce n'est pas à la porte, — précisément par ceux au service de qui il a dégénéré!

Un fait, entre mille, à l'appui de ce que nous avançons :

Il y a quelques années, l'un des plus grands industriels de la Seine-Inférieure occupait, depuis environ vingt ans, un brave homme, de son état, forgeron-mécanicien, qne l'on appelait « le père Maximilien », et dont le travail consistait à faire les petites réparations aux métiers, outils, et autres engins de production.

Mieux payé que les autres, en raison de la responsabilité qui lui incombait, le père Maximilien gagnait, chez le sieur D......, 4 fr. 50 par jour. Or, comme il avait dépassé la cinquantaine, que ses forces n'étaient plus les mêmes, que sa vue avait baissé, et qu'il se fatiguait plus vîte, on songea à le mettre à la retraite, — c'est-à-dire *à le foutre à la porte!*

C'est généralement ainsi que cela se passe dans la Société bourgeoise.

Le contre-maître prévint donc le pauvre homme qu'on le mettait « en quinzaine ».

A cette terrible nouvelle, le père Maximilien faillit se trouver mal, quitta la fabrique en pleurant et fut plus de deux heures sans oser rentrer au logis : — Comment dire à sa compagne qu'il était..... renvoyé?...

Il s'était donc, penserait-elle, rendu coupable d'un bien gros méfait, car on ne renvoie pas ainsi brutalement un vieux serviteur de vingt-années !

Sa douleur fut d'autant plus forte, qu'il la garda pour lui seul jusqu'à la veille de l'expiration du délai fatal. Ce soir là, le père Maximilien prit son courage à deux mains, et lorsqu'il eut mangé sa soupe, il avoua à sa vieille que tout allait leur manquer : plus de jeunesse, plus de santé, plus de travail ! Rien, plus rien !

La femme voulut savoir le crime de son mari; elle alla, tout en larmes, à l'usine, où on lui dit que, depuis quelque temps, on avait surpris son mari en train de..... vieillir!!!...

....

On consentit, pourtant, et comme par faveur insigne, à le reprendre; — mais en diminuant son salaire : au lieu de 4 fr.50, il n'aurait plus que 3 fr.00, — soit une « rognure » de 33 0|0!

Dam! les châteaux coûtent cher à bâtir et à meubler!

En apprenant cette bonne nouvelle, le père Maximilien promit à sa femme qu'il travaillerait plus dur encore qu'auparavant, afin d'éviter un nouveau renvoi.

Et il tint parole!.....

Le fait historique que nous venons de rapporter n'est pas un fait isolé; il s'en produit chaque jour d'aussi pénibles, et, disons le mot, d'aussi monstrueux.

Neût-il pas été tout-à-la-fois plus logique et plus humain de tenir ce langage au vieil ouvrier : — Père Maximilien, la journée de douze heures est trop longue pour vous, qui n'avez plus les ressorts de la trentième année; — nous allons vous adjoindre un jeune homme, que vous formerez, et, à partir de tel jour, votre présence à l'atelier ne sera plus que de huit heures. Or, vous gagnez actuellement 4 fr. 50; vous n'en toucherez plus que 3 : un tiers en moins de travail ; un tiers en moins de salaire.

C'eut été déjà bien triste pour le père Maximilien; mais, du moins, eût-il eu quatre heures de plus pour se reposer.

On n'a plus la force de faire une journée complète, qu'on a encore celle d'en faire les deux tiers, ou la moitié, dût-on s'y reprendre à deux fois.

Or, les besoins matériels de l'homme diminuant avec l'âge sénile, quatre à cinq heures de travail par jour suffiraient aux vieux pour vivre.

Ils échapperaient, par ce moyen, soit à l'aumône, toujours dégradante ; soit au régime de ces bons petits refuges, qui mettent leurs pensionnaires à l'abri de toute liberté ; — enfin, à l'ennui, qui mine l'homme laborieux désormais privé de tout travail

Des ateliers spéciaux pour les vieux ou-

vriers : — voilà ce que les travailleurs, syndiqués, doivent instituer.

Ce sera la plus belle des *Caisses de retraites.*

CONCLUSION

Le lecteur n'aura pas manqué de tirer de notre livre les déductions qu'il comporte :

1° *Le droit au travail, pour tous les hommes de bonne volonté.*

D'après la morale sociale issue de la Révolution française, et que la grande Ecole de philosophie moderne résume en ce mot : SOCIALISME, le travail est tout à la fois un droit et un devoir : — un droit, parce que, l'homme ne pouvant vivre sans travailler, le droit au travail n'est en réalité que le droit à l'existence même ; – un devoir, parce que celui qui ne travaille pas vit aux dépens de ses semblables, et, dès lors, empiète sur les droits d'autrui.

Si le travail est un devoir de chaque citoyen envers la Société, il est évident que cette même Société doit fournir à chacun de nous les moyens de lui payer sa dette.

L'ouvrier honnête, laborieux et digne, ne veut point d'aumône. Si nos gouvernants décrètent le droit à l'assistance, le droit à l'oisiveté, le droit de vivre sans rien faire, — (par raison d'économie?) — l'ouvrier, celui dont nous nous occupons, demande à produire au-delà de ses dépenses, de façon à pourvoir largement à tous ses besoins et à ceux de sa famille, sans être redevable à personne d'un centime de ce que consomment lui et les siens.

Avec lui, nous sommes pour le droit au travail, contre le droit à l'oisiveté.

Le travail seul triomphera de la misère.

— 2° *Plus d'exploitation de l'homme par l'homme.*

Le produit intégral du travail doit appartenir au travailleur : « *C'est* », dit Adam Smith, « *son salaire légitime, la récompense naturelle de son labeur.* »

Le peuple ne demande point à s'emparer du bien des riches; ce qu'il demande, c'est que les riches ne lui ravissent point sa part légitime du banquet de la vie, en le frustrant du produit de son travail.

Que si l'on nous reproche la fréquence de ces mots : *exploiteurs*, *exploités*, sous notre plume, nous répondrons : Faites disparaître la chose, l'exploitation, et le mot, désormais vide de sens, disparaîtra !

Oui, l'ouvrier est exploité, depuis son entrée dans la vie jusqu'à son entrée au cimetière, où le verse l'hôpital, après que les docteurs ès-philanthropie ont essayé sur lui leurs remèdes *in extremis*, — à l'instar de l'empereur Commode essayant des poisons sur ses esclaves.

— 3° *Organisation du travail par l'association.*

Abolir la guerre industrielle d'ouvrier à ouvrier, d'ouvrier à patron, de patron à patron ; — substituer la coopération émulatrice des associés à la concurrence homicide des salariés travaillant au rabais, la solidarité à la compétition, le sentiment du devoir et du droit à l'impitoyabilité des intérêts individuels, la justice à l'iniquité, la raison à la force, la prévoyance au hasard, la concorde à la division ; — en un mot, l'ordre au désordre :

Voilà le but que doivent poursuivre les Syndicats ouvriers.

Si le Pouvoir semble abandonner les travailleurs à leur misérable sort, il ne faut pas qu'ils s'y abandonnent eux-mêmes.

Mieux vaut, après tout, que le peuple fasse ses affaires sans le concours des gouvernants, et résolve, par la pratique, ces problèmes sociaux que nos hommes d'Etat ne comprennent point, — ou ne veulent pas comprendre.

Les Jurandes et les Maitrises, auxquelles les ouvriers de l'industrie durent plusieurs siècles de bien-être rélatif et de sécurité absolue, — voilà le passé.

Les Grèves périodiques, c'est-à-dire les convulsions de la haine et de la faim, mettant en péril l'existence même du corps social, — voilà le présent.

Les Chambres syndicales ouvrières, réalisant pour le travailleur les destinées auxquelles il aspire si légitimement, et que les *révolutions violentes* seront toujours impuissantes à lui conférer, — voilà l'avenir.

Elles seules — c'est notre foi profonde, inébranlable — résoudront la plus redoutable de toutes les questions à l'ordre du jour :

La Question ouvrière.

Auguste Godefroy.

Original en couleur

NF Z 43-120-8

www.ingramcontent.com/pod-product-compliance
Ingram Content Group UK Ltd.
Pitfield, Milton Keynes, MK11 3LW, UK
UKHW022121190726
13855UKWH00003B/987

9 782013 558037